ESSAI HISTORIQUE

SUR

LA LOI DE SUCCESSION

DE LA COURONNE D'ESPAGNE;

PUBLIÉ A MADRID EN 1855,

PAR

LE MARQUIS DE MIRAFLORES,

COMTE DE VILLAPATERNA,

AMBASSADEUR DE S. M. C. A PARIS.

PARIS,

IMPRIMERIE DE H. FOURNIER ET Cⁱᵉ.

RUE DE SEINE, 14.

1839.

ESSAI HISTORIQUE

SUR

LA LOI DE SUCCESSION

DE LA COURONNE D'ESPAGNE;

PUBLIÉ A MADRID EN 1833,

PAR

LE MARQUIS DE MIRAFLORES,

COMTE DE VILLAPATERNA,

AMBASSADEUR DE S. M. C. A PARIS.

PARIS,

IMPRIMERIE DE H. FOURNIER ET Cie,

RUE DE SEINE, 14.

1839.

INTRODUCTION.

La pragmatique-sanction du 29 mars 1830 a été
un fait grave pour l'Espagne. En complétant l'œuvre
des cortès de 1789, qui abrogeait l'*Auto acordado de
1713*, Ferdinand VII avait en face un parti puissant,
organisé, implacable. D. Carlos était proclamé chef
par ce parti, qui le disait l'héritier du trône. Il fut
dès lors facile de prévoir une guerre de succession; la
mort du roi devait être le signal de la prise d'armes d'un
parti nombreux et fanatique, au nom d'un prétendant.
La levée de boucliers de Bessières en 1827, au nom de
la faction apostolique, le soulèvement de Catalogne,
aussi en 1827, en avaient été les préludes. L'événe-
ment a justifié toutes les prévisions à cet égard.

Ferdinand ne survécut que trois ans à son œuvre,

il ne put l'affermir, et malheureusement, pendant la vie du roi, on ne s'est pas assez occupé d'éclairer l'opinion publique sur celte grande mesure, véritable hommage rendu à une législation qui a réglé la succession au trône pendant plus de sept siècles.

La nécessité de faire bien comprendre aux Espagnols la légitimité de cet acte du règne de Ferdinand VII me parut si urgente que, dès 1833, je me hâtai de publier à Madrid le travail dont je donne aujourd'hui la traduction française. C'est dans les archives publiques et dans les procès-verbaux des cortès que j'ai puisé mon récit historique. Je n'avais pas à parler aux classes élevées; elles saluaient avec joie ce retour à la coutume immémoriale et à la loi de succession sous laquelle avaient vécu nos pères. Tout ce que l'Espagne renfermait d'illustrations et de notabilités avait reconnu la fille de Ferdinand VII héritière du trône. Le clergé, la noblesse, l'armée, la bourgeoisie, toute la partie éclairée, vivace et intellectuelle de la nation se pressait autour de ce royal enfant, objet de tant d'espérances, avec lequel la monarchie espagnole reprenait sa seule, sa primitive loi de succession.

Qui nous eût dit alors qu'un jour les fidèles défenseurs de la fille de nos rois seraient traités de révolutionnaires, et que leur adhésion à la légitimité royale leur serait imputée à crime? Pour que rien ne manquât à cette étrange sentence, nous avons dû voir la rébellion de D. Carlos encouragée par les sympathies et par les secours de ceux-là même qui se disent les gardiens du principe de la légitimité. Est-ce l'effet seul de l'erreur? Je l'ignore. Mais puisque très-récemment on leur a fourni l'occasion de reconnaître la vérité sur cette grande question, j'ai pensé que c'était le moment d'apporter une nouvelle pièce de conviction au débat dans lequel j'ai bien le droit d'intervenir: dès 1833, j'ai pris l'initiative et défendu l'œuvre des cortès de 1789, et la pragmatique sanction de 1830.

Dans ce plaidoyer en faveur de la légitimité d'Isabelle II, j'ai cherché à rendre évidente la légalité des actes qui ont formé ma croyance et mes convictions. Nous tous qui avons juré à Ferdinand VII que sa fille serait notre reine, et sans attendre le jour de son triomphe définitif par la force des armes, il nous appartient de repousser avec indignation ces épithètes non méritées de révolutionnaires, et de demander, au nom du principe monarchique, la reconnaissance d'Isabelle comme légitime souveraine des Espagnes.

L'Espagne, malheureuse et souffrante, est digne des sympathies de tous les hommes de cœur ; elle ne succombera pas dans la lutte qu'elle soutient depuis cinq ans. La liberté légale ne périra pas, malgré les déchirements qui accompagnent son rétablissement sur la terre classique des institutions monarchiques et libérales.

Ma position m'impose une réserve excessive. Je ne puis, comme je le voudrais, aborder les questions fondamentales qui se débattent dans ma noble patrie, et aussi venger le caractère espagnol des accusations injustes qui lui sont adressées. Un jour viendra où l'histoire impartiale recueillera toutes les scènes de ce drame affreux. Sans doute on y trouvera de grandes fautes, des égarements déplorables, des crimes, moins cependant que dans les annales d'agitation et de guerre civile d'autres pays. Mais sur le revers de ces tristes pages de sang, quel dévouement et quelle fidélité ! Ces vertus, je suis loin de les méconnaître dans mes adversaires, mais je les proclame surtout avec orgueil chez les défenseurs du trône légitime et de la régénération du pays.

Si ma position ne me permet pas aujourd'hui de présenter au public des considérations d'un ordre nouveau sur l'état social et politique de l'Espagne,

j'y travaille pour le jour où, rendu à la vie privée,
je serai libre d'entraves. Dans toutes les situations
on peut servir son pays, lorsque, sans arrière-pensée
et sans ambition personnelle, on a l'amour du bien
public. Je n'ai jamais failli à ce premier devoir d'un
bon Espagnol envers sa patrie et son souverain; aussi
me trouvera-t-on constamment au premier rang des
défenseurs des prérogatives du trône, des lois du pays,
et de l'indépendance nationale.

ESSAI HISTORIQUE

SUR

LA LOI DE SUCCESSION

DE LA COURONNE D'ESPAGNE.

Avant d'aborder le sujet important sur lequel l'attention des Espagnols, et même des étrangers, est fixée en ce moment, nous croyons devoir poser comme préliminaire quelques notions de nos lois politiques et des principes généraux du droit. Nous chercherons ensuite à résoudre les doutes qui paraissent s'être élevés sur les lois de succession à la couronne.

Il est avant tout indispensable de donner la définition exacte du sens que les Espagnols ont attaché, de tout temps, à ce qu'ils appellent lois fondamentales, en tête desquelles figure, comme la principale, la loi de succession à la couronne. En Espagne, les lois fondamentales sont celles qui, après avoir été introduites par la coutume universelle, avec le consente-

ment tacite et constant du roi et du pays, n'ont pu être alté-
rées, encore moins révoquées sans le concours du monarque
et de la nation légalement représentée par ses députés aux
cortès. Ces lois consacrées par l'usage revêtirent plus tard la
forme de lois écrites et prirent place dans nos codes.

Si l'on consulte notre histoire, elle témoignera à chaque
page de cette vérité. La couronne, élective du temps des
Goths, le fut longtemps après leur expulsion, jusqu'à ce que
peu à peu elle devint héréditaire du consentement de la nation. Jamais la couronne ne fut patrimoniale, mais bien usufruitière. Dès les premiers temps de notre histoire, les femmes
ont toujours été appelées à la succession au trône. En publiant
la loi 2, titre 15, partida 2, le roi Alphonse X n'établit donc
pas un usage nouveau, il se borna à constater la coutume an-
cienne, depuis que le trône, cessant d'être électif, était devenu
héréditaire et de succession régulière.

Telle était la loi d'hérédité à la mort de Charles II. L'infante Anne, fille de Philippe III, lors de son mariage avec
Louis XIII, roi de France, avait renoncé pour elle et pour sa
descendance à tous ses droits à la couronne d'Espagne. Marie-
Thérèse d'Autriche, fille de Philippe IV, avait fait une renonciation semblable en épousant Louis XIV, roi de France.
Ces renonciations furent acceptées en 1618 et 1660 par le roi
et par les cortès, mais Charles II les déclara nulles et sans effet
dans les articles 11 et 12 de son testament (1).

Il est permis de mettre en doute le pouvoir du roi pour in-
firmer ainsi ces renonciations. Nous avons établi le principe
incontestable que la couronne d'Espagne est usufruitière et
non patrimoniale, et que le concours du souverain et du pays

____

(1) *Voyez* le Testament de Charles II, histoire de Mariana, continuée
par Sabaa.

est indispensable pour faire ou pour altérer les lois fondamentales ; mais ces principes disparaissent si l'on reconnaît aux souverains le droit de changer les lois dont nous parlons au moyen de dispositions testamentaires, qui sont précisément les actes sur lesquels la captation et les intrigues ont le plus de prise, dans les moments de faiblesse qui s'emparent de l'homme aux portes du tombeau ; de semblables perturbations sont d'autant plus graves que les effets sont sans remède, car ils apparaissent lorsque le législateur a déjà cessé de vivre. Aussi que d'efforts, de sacrifices et de sang versé, pendant la guerre de la succession, pour une question qui se réduisait à savoir si les renonciations des infantes Anne et Marie-Thérèse d'Autriche étaient valables pour elles et leurs descendants.

Il est tout naturel que les jurisconsultes français et allemands fussent d'avis différent sur la validité de ces renonciations, mais la victoire et le droit donnèrent gain de cause aux premiers ; la maison d'Autriche fut vaincue, et le droit fut créé en faveur de Philippe, à l'exclusion de son père et de son frère, par la désignation expresse du testament de Charles II. Ce testament lui faisait une condition formelle d'observer les lois et *les fueros* d'Espagne. Le droit de succession en faveur de Philippe fut sanctionné et revêtu du sceau de la légalité par les cortès de 1701, solennellement assemblées pour le reconnaître roi et recevoir son serment. Philippe V y jura de respecter et d'observer les lois et *fueros* du royaume, et renouvela plus tard ce serment en Aragon et en Catalogne, par devant les cortès particulières de ces provinces (1).

La question de droit résolue en faveur du petit-fils de l'infante Marie-Thérèse, la victoire et la volonté nationale,

----

(1) *Voyez* l'ouvrage intitulé : *Succession du roi Philippe V*, par le marquis de Rivas, 1704.

légalement exprimée par les représentants du pays, lui donnèrent l'investiture royale. Après avoir indiqué d'une manière
rapide les principes élémentaires du droit espagnol, et après
avoir précisé le sens, la nature et la portée des lois fondamentales, nous avons fait connaître les moyens consacrés par
une pratique constante de dix siècles, toutes les fois qu'il s'est
agi d'altérer, de changer ou de réformer ces lois dans un but
d'intérêt public. Nous allons nous occuper de l'objet de cet
écrit borné aux trois propositions suivantes :

1° La loi 2, titre 15, partida 2, ne fut pas révoquée par
les cortès de 1713 avec les formalités voulues ; car, lors de la
réunion de ces cortès, plusieurs nullités eurent lieu qui mettent
au néant la révocation ;

2° Dans l'hypothèse que l'*Auto acordado* de 1713 eût été
rendu avec toutes les formalités nécessaires, et qu'il n'existât
aucune des nullités qui s'y trouvent, il a été solennellement
révoqué par les cortès de 1789 ;

3° Les objections de ceux qui regardent comme nulle
cette révocation sont inadmissibles et manquent de tout fon-
dement légal.

Il n'est pas facile d'expliquer le motif véritable qui porta
Philippe, occupant le trône d'Espagne en vertu d'un droit dé-
rivant des femmes, à altérer cet ordre de succession en les
excluant selon la coutume de France. Respectant, comme
nous le devons, les desseins de ce monarque, nous admettons
le droit d'innover qu'il s'attribua, mais soumis au consentement des cortès légalement convoquées, en laissant aux députés toute liberté de conscience et en les affranchissant de
toute contrainte. Mais nous dirons aussi que, sans ces conditions de légalité, Philippe V n'avait pas le pouvoir d'altérer
la loi de *partida*.

Quiconque lira avec impartialité le récit des circonstances

qui précédèrent la célébration des cortès de 1713, jugera facile-
ment si ces conditions ont été observées. Le 7 novembre 1712,
Philippe V signa la renonciation qu'il fit pour lui et pour ses
descendants des droits qu'ils avaient à la couronne de France,
et cette renonciation, adressée aux cortès deux jours après,
c'est-à-dire le 9 novembre, fut aussitôt approuvée. Le
18 mars de l'année suivante elle fut déclarée loi de l'État, et
on expédia une cédule dans laquelle se trouvent ces paroles
remarquables : « Je déclare qu'à défaut de ma personne et à
celle de mes descendants légitimes de l'un et de l'autre sexe, le
duc de Savoie sera appelé à succéder au trône d'Espagne (1). »
La maison de Savoie fut désignée en représentation de Cathe-
rine, fille de Philippe II, c'est-à-dire que la maison de Bourbon
et celle de Savoie reçurent des femmes leurs droits à la couronne d'Espagne.

Plus tard le conseil d'État adressa une représentation à
Philippe V, sur la convenance de changer la succession à la
couronne. S. M. remit cette représentation au conseil de Castille : ce dernier fit un rapport tellement opposé à celui du
conseil d'État, que le roi ordonna de brûler le document.
Malgré cet ordre, il existait encore tout récemment un frag-
ment de ce rapport entre les mains de S. Exc. Don B. R. de
Hermida.

L'opposition collective du conseil de Castille suggéra la pen-
sée de demander à chacun des membres un avis séparé. Ce
moyen illégal est repoussé non seulement par les lois espa-
gnoles, mais par les assemblées délibérantes de tous les pays.
L'opinion isolée des membres d'un conseil ne peut être
regardée comme celle du conseil lui-même, dès qu'il n'est pas

____

(1) *Voyez* la Collection des traités de paix et d'alliance réci-
proques. 1796.

réuni dans la forme prescrite par la loi et les coutumes. Ce moyen ne réussit même pas à faire obtenir l'unanimité désirée. Le gouverneur, comte de Gramedo, et un autre conseiller soutinrent, dans leurs avis particuliers, les mêmes principes que le conseil en masse avait proclamés dans sa consultation.

Les moyens irréguliers, par lesquels on obtint, non du conseil, mais des conseillers de Castille, un rapport favorable, furent sans doute employés pour arracher l'approbation des cortès souscrivant aux désirs du roi. Quelques-uns des députés qui avaient fait partie de l'assemblée précédente se trouvant à Madrid, on demanda aux villes qu'ils représentaient de les autoriser à examiner et à résoudre la loi de succession à la couronne. Les cortès se réunirent donc sans qu'il y ait eu d'élections de députés, et l'acte de convocation fut omis. Le nombre légal des représentants du pays fut si loin d'être complet que l'assemblée se composa seulement des députés de vingt-sept villes (1). En se rappelant le sort que Philippe V fit subir à la représentation du conseil de Castille, la manière inusitée et dangereuse dont il fit servir ensuite l'avis particulier de chacun des membres du conseil, on peut sans témérité croire à l'emploi de mesures à peu près semblables pour obtenir l'autorisation des députés présents.

Cette explication peut seule donner la clef du changement subit que l'on remarque en consultant les dates. Les cortès de 1712 se réunirent dans le courant de novembre. La pragmatique qui promulgue loi de l'État la renonciation de Philippe V

______

(1) Le nombre des villes ayant droit d'élection était de trente-sept, il manqua donc environ le tiers des députés dont le nombre était tellement amoindri à cette époque de la monarchie. Depuis fort long-temps les cortès composées des trois ordres avaient disparu, et dans les deux siècles précédents les cortès n'avaient plus été composées que des députés de quelques villes.

à la couronne de France, est du mois de mars 1713, et le célèbre *Auto acordado* porte la date de mai de la même année. Évidemment, si les cortès de 1712 n'eussent pas présenté un obstacle insurmontable aux désirs du roi, il ne les aurait pas dissoutes pour en rassembler de nouvelles quatre mois après. C'est peut-être le seul exemple que l'on trouve, dans l'histoire d'Espagne, de la réunion de deux assemblées de cortès dans le court intervalle de six mois, ayant de nouveaux pouvoirs et une mission différente.

Tels sont les vices inhérents aux cortès qui intervinrent pour la formation de l'*Auto acordado* révoquant la loi de partida, loi dont l'origine se perd dans la nuit des temps, à laquelle est due la réunion des couronnes de Léon et de Castille et qui forma la monarchie espagnole en réunissant plus tard l'Aragon à la Castille. L'altération de la loi de *partida* renfermait nécessairement le germe fécond de discordes civiles ; car l'on pouvait aisément prévoir qu'à la première occasion d'appliquer la nouvelle loi le monarque régnant s'efforcerait par tous les moyens imaginables de faire préférer ses filles à ses frères. Ce sentiment est inné chez l'homme, et les rois eux-mêmes n'en sont pas exempts.

Une circonspection rigoureuse doit être la qualité essentielle d'un mémoire sur le droit historique : nous ne nous prévaudrons donc pas, pour diminuer la force de l'*Auto acordado* du 10 mai 1713, de la citation qui se trouve dans les commentaires du marquis de Saint-Philippe. Après avoir parlé du changement apporté à cette occasion dans la loi d'hérédité, il dit : « Toutefois sous la condition que ce soit un prince né et élevé en « Espagne, sans quoi la couronne reviendrait au prince espagnol le plus proche. » Nous laisserons à d'autres le soin de débattre si Charles III eut le droit de s'appuyer sur cette clause pour motiver sa conduite vis-à-vis de l'infant D. Luis, nous bornant à faire remarquer que le marquis de Saint-Philippe était un auteur contemporain, au service de Philippe V, et comblé d'honneurs par ce monarque auquel il dédia ses commentaires. Il n'est donc pas probable que, traitant une matière d'une aussi haute importance, il ait ajouté de lui-même à la loi des restrictions gratuites ou des commentaires en dehors de ce que le législateur avait prononcé.

En insérant cette clause dans le texte primitif de la loi, le législateur éloignait donc du trône le fils aîné de Charles III, et y appelait de préférence l'infant D. Luis et sa postérité. Cette clause n'existe pas dans nos codes, mais la loi subit de fait une dérogation, du moment où le pays, réuni solennellement en cortès, à Madrid, en 1760, reconnut comme successeur et prince des Asturies D. Charles-Antoine, qui régna après son père. Par conséquent l'*Auto acordado* cessa d'exister.

Mais nous ne ferons pas usage de cet argument, et nous abandonnerons le champ des conjectures plus ou moins fondées touchant cette clause essentielle, pour nous attacher à l'analyse d'autres faits qui démontrent positivement qu'à la première occasion où il y eut lieu d'appliquer les dispositions de l'*Auto acordado* de 1713, son infraction fut manifeste. Chacun sait que Philippe V abdiqua le sceptre dans le mois de janvier 1724 en faveur de son fils aîné D. Luis, et que ce jeune prince fut enlevé dans le mois d'août suivant par une mort prématurée. La couronne fit retour à son père au lieu d'être transmise à son frère, comme l'ordonnait expressément l'*Auto acordado*. Des raisons d'intérêt public, motivées sur le jeune âge du successeur immédiat, furent alléguées en faveur de cette détermination ; mais Philippe V pouvait, avec le titre de tuteur et de régent, veiller aussi efficacement au bien et à la conservation de la monarchie, et diriger les affaires jusqu'à la majorité du prince, sans remonter sur le trône. Du moment où l'auteur de la loi lui-même a préféré ce dernier parti, il a violé le texte positif de l'*Auto acordado* qui voulait qu'à la mort du fils aîné sans descendance masculine, la couronne passât au second fils de Philippe. Il est à remarquer que l'on n'attacha pas la moindre importance à cette transgression de l'*Auto acordado*, et qu'elle fut sanctionnée implicitement par les cortès de 1724, dans lesquelles Ferdinand VI fut reconnu purement et simplement Prince des Asturies.

Des considérations aussi puissantes ne pouvaient échapper à l'homme illustre qui remplissait avec tant de gloire la charge de secrétaire d'État en décembre 1788, époque de la mort de Charles III. Aussi à peine monté sur le trône, Charles IV s'empressa de révoquer solennellement tout ce qui, en 1713, avait pu être fait par des moyens irréguliers, contre la succession à la couronne. Dans cette intention et afin de faire prêter serment au prince des Asturies, Ferdinand VII, assis aujourd'hui sur le trône de ses ancêtres, les cortès furent convoquées et réunies dans le courant de 1789. Les députés demandèrent au roi la révocation de l'*Auto acordado*, et s'exprimèrent ainsi : « L'ex-« périence a fait reconnaître l'immense utilité pour tout le « royaume, soit anciennement, soit particulièrement depuis « l'union des couronnes de Castille, de Léon et d'Aragon, de « respecter l'ordre de succession prescrit par la loi 2, tit. 15, « partida 2, tandis que le contraire a occasionné des guerres « sanglantes et de graves désordres : nous demandons en con-« séquence la révocation de l'*Auto acordado* de 1713, et le « rétablissement, dans toute sa force et vigueur, de la loi de « partida. » Charles IV se rendit aux vœux des députés du royaume et décréta, sur la consultation des *assistants* aux cortès, le gouverneur du conseil royal, comte des Campomanes, D. Diego de la Torre Marin, D. Pedro Perez Valiente, D. Juan Acedo Rico, et D. Santiago Ignacio Espinosa : «Qu'il

« avait pris la résolution d'adhérer à ladite demande et qu'il
« ordonnait à son conseil d'expédier la pragmatique-sanction,
« ainsi que cela se pratiquait ordinairement. » Il prévint que
sa volonté royale était qu'on gardât le secret par des raisons
d'État, mais qu'il voulait et qu'il entendait que sa détermination fût publiée dans les cortès, ce qui eut lieu le 31 octobre
de ladite année 1789. Les notaires des cortès, D. Pedro Es-
colano, et D. Augustin Bravo de Velasco, délivrèrent des cer-
tificats de cette publication. On exigea aussi des députés le
serment solennel de ne pas révéler ce qui avait été fait dans
les cortès pour abolir l'*Auto acordado* de 1713; on transporta
les originaux de la délibération à la première secrétairerie
d'État, où ils furent fermés et scellés. La suscription suivante
fut écrite sur le couvert: « *Réservés au roi, notre seigneur* (1). »

Ce mystère politique fut gardé avec un respect et une reli-
gion sans exemple par les députés de 1789 : un grand nombre
avaient déjà emporté le secret au tombeau. On commença cependant à le pénétrer par suite des révélations que le comte
de Florida Blanca, l'un des initiés, crut devoir faire à Murcie,
vers le milieu de 1808. Le roi et ses frères étaient prisonniers.
L'Espagne privée de ses souverains, pouvait en retrouver dans
la famille royale par la révocation de l'*Auto acordado* des cortès de 1789; car elle réintégrait dans ses anciens droits l'infante
Charlotte, échappée au pouvoir du soldat heureux qui présidait
alors aux destinées de presque toute l'Europe. En 1809, le res-
pectable comte de Florida Blanca, épuisé par l'âge et les ser-
vices, succomba aux fatigues inséparables du gouvernement du

---

(1) Tous les récits du temps donnent lieu de croire que les motifs de
cette réserve provinrent de la situation politique de la France à cette
époque. On ne voulut point agiter une question aussi grave, d'autant
plus que la promulgation de cette loi n'était pas urgente. Charles IV
ayant des enfants mâles.

royaume dans des circonstances si périlleuses. La cour de Portugal eut connaissance des révélations faites à Murcie, et fit demander par son ambassadeur à la junte centrale un certificat de ce qui pouvait être parvenu à la connaissance du gouvernement à ce sujet. La junte ne pouvait délivrer une pareille attestation sur les paroles d'un seul homme, quelque élevés que fussent sa position et son caractère. Les actes originaux des cortès de 1789 ne se trouvaient pas à Séville, et parmi les papiers que l'on avait retirés à la hâte des archives de Madrid, il n'existait aucun document important. La junte centrale ordonna au conseil de Castille de recevoir les dépositions de quelquesuns des députés aux cortès de 1789, qui vivaient encore et se trouvaient par un heureux hasard à Séville et en d'autres villes libres des armes françaises. Ces dignes députés doutèrent quelque temps si les circonstances leur faisaient un devoir de transgresser leur serment ; mais ils déclarèrent enfin ce qui s'était passé, et révélèrent l'existence de la nouvelle loi qui avait été publiée dans les cortès dont ils avaient fait partie. Ces déclarations furent transmises au chargé d'affaires du Portugal par une dépêche du 10 janvier 1810, signée par le ministre d'État, D. Francisco Saavedra, qui s'exprimait ainsi : « Le conseil royal et suprême des Espagnes et des Indes a « fait savoir au roi qu'effectivement les députés du royaume « demandèrent dans les cortès de 1789, et le roi Charles IV « sanctionna l'abolition de la loi salique, rendant en consé- « quence aux infantes le droit d'hérédité dans l'ordre de suc- « cession naturelle. S. M., après avoir mûrement considéré « qu'une affaire aussi grave est complètement de son ressort, « a reconnu et est convenue qu'il demeure prouvé qu'en effet « la loi salique a été abolie. (1) »

(1) L'auto acordado n'est pas semblable en tout à la loi salique. Cette

La question en resta là : l'examen en devenait inutile, car le roi, rendu enfin à l'amour de ses sujets, avait deux frères et point d'enfants. La naissance de l'infante Marie-Isabelle changea la face des choses, et cette affaire, d'insignifiante qu'elle était, devint la plus importante de la monarchie. Mais si, lors des bouleversements politiques de la guerre de l'indépendance, la junte centrale fut obligée de recourir à une enquête de témoins dans laquelle déposèrent S. Exc. le marquis d'Astorga, député de Madrid aux cortès de 1789, et D. Manuel Beceril, député de Teruel, ainsi que d'autres personnages dont nous n'avons pu nous procurer les noms, le gouvernement, rendu à son état normal, n'eut qu'à ouvrir le pli scellé et cacheté sous lequel on avait placé, ainsi que nous l'avons dit, les actes des cortès de cette époque. Parmi ces actes on trouva la pétition, la résolution royale, le rapport des assistants aux córtès, ou chambre de Castille, le certificat de la publication faite aux cortès, et tout ce qui était nécessaire pour démontrer l'existence de la loi. La promulgation seule manquait.

Le moment était donc venu où la loi pouvait avoir son application. Le roi ordonna en mars 1830, au conseil royal d'expédier la pragmatique-sanction accoutumée, et dès lors la loi eut irrévocablement tous les caractères d'un acte complet, et elle se trouva revêtue de toutes les formalités de droit.

Personne ne conteste au conseil la faculté de promulguer les lois par ordre du souverain. La formation des lois fondamentales exige le concours du roi et des états, mais leur promulgation n'est autre chose qu'un acte administratif : dès que cette promulgation est accompagnée des formalités d'usage, la loi est complète sans avoir besoin de recourir de nouveau

---

dernière exclut d'une manière absolue les femmes, l'*Auto acordado* leur préfère seulement les enfants mâles.

à l'intervention législative. Il suffit que le conseil prenne les ordres du roi pour promulguer ces lois, et la formule même dont usent les rois dans leurs réponses, quand ils accèdent aux pétitions des cortès, est une preuve de ce que nous avançons. Voici comment ils s'expriment : « A cela je vous réponds que « j'ordonnerai aux membres de mon conseil d'expédier la « pragmatique-sanction d'usage en pareil cas. » Et dans les pétitions des cortès on demande toujours que le roi ordonne à ses conseillers de délivrer la pragmatique. La publication des lois sanctionnées en cortès est donc une attribution parti-lière du conseil, elle dépend de la volonté du souverain, c'est enfin un acte distinct, tout à fait indépèndant de la formation de la loi.

Nous croyons avoir prouvé jusqu'à l'évidence la nullité de l'*Auto acordado* de 1713, ainsi que sa révocation solennelle par les cortès de 1789 et la pragmatique-sanction de mars 1830. Nous allons, en terminant notre tâche, réduire à leur juste valeur les arguments de ceux qui prétendent que l'*Auto acor-dado* de 1712 n'a pas été et n'a pu être abrogé par la pragma-tique-sanction donnée par le roi Ferdinand VII en mars 1830. C'est notre troisième proposition.

Nos adversaires disent, en premier lieu, que les traités d'U-trecht sont enfreints par la révocation de l'*Auto acordado*. Nous rechercherons dans ces traités eux-mêmes la valeur de cette allégation, et l'on verra qu'il ne se trouve pas une seule ligne ayant trait à la loi de succession de la nouvelle dynastie, soit dans le traité de juillet 1713 entre l'Angleterre et l'Es-pagne, soit dans celui du 26 juin 1714 entre l'Espagne et les états-généraux des Provinces-Unies, non plus que dans celui du 6 février 1715 avec le Portugal, ni dans la quadruple al-liance signée le 10 février 1720 entre l'Espagne, l'Allemagne, la France et l'Angleterre, seuls traités formant la paix d'U-

trecht (1). L'unique stipulation dynastique dont il fut ques•
tion fut la renonciation de Philippe V pour lui et ses descendants à la couronne de France, et réciproquement celle de la
famille française au trône d'Espagne; aussi exigea-t-on que cet
article du traité devînt loi de l'État, *faite et promulguée en cortès*. La perte de la Sicile, de tant de possessions et de droits en
Italie, la cession des Pays-Bas à la maison d'Autriche, de Gi-
braltar, Minorque et Terre-Neuve aux Anglais, cruelles consé-
quences de ce traité, durent suffire aux puissances étrangères,
elles ne purent vouloir humilier au-delà une nation indépen-
dante par des conditions restrictives de son régime intérieur,
conditions auxquelles le monarque espagnol savait ne pouvoir
valablement souscrire qu'avec le consentement des cortès.

Une autre cause de nullité dont on se prévaut contre la révocation de l'*Auto acordado*, c'est qu'il n'a pas été immédia-
tement promulgué. Nous avons déjà dit que de pareilles objections, admissibles dans le droit civil, ne sont pas recevables
en matière de lois fondamentales dans les États monarchiques.
Celles-ci ne sont autre chose qu'une *convention, qu'un pacte
fait légitimement entre le roi et le royaume*, pacte obligatoire
pour les deux parties, dès l'instant où il y a eu contrat. Les
états du royaume demandèrent en 1789 la révocation de
l'*Auto acordado*. Charles IV l'ayant accordée, et son consentement ayant été publié en cortès, que manquait-il alors à
cette résolution pour être loi fondamentale de la monarchie?
La cédule royale que le conseil de Castille est dans l'usage
d'expédier et qui porte à la connaissance du public les lois
qui ont été sanctionnées et promulguées en cortès.

Il nous semble complètement inutile de vouloir expliquer
les motifs qu'eut Charles IV d'ordonner le secret, que rien

(1) *Voyez* la Collection des traités de paix et d'alliance. 1796.

ne força plus tard à rompre ; car, le roi ayant des enfants mâles, personne dès lors n'avait intérêt à réclamer l'application de la loi. D'ailleurs ce n'est pas le premier exemple en Espagne d'une loi promulguée longtemps après sa création. Personne n'ignore que l'auteur du code de las Partidas fut le célèbre Alphonse X, surnommé le Sage, mort en 1284 ; ce code n'acquit cependant force légale qu'après sa publication, sous le règne d'Alphonse XI, aux cortès d'Alcala, en 1348. Les quatre-vingt-trois lois de Toro furent faites par les cortès de Tolède et sanctionnées par les rois catholiques en 1502 : elles ne furent publiées qu'en 1505.

Un autre argument consiste à dire : *que l'insertion de l'Auto acordado dans la Novisima recopilacion formée en 1805, l'a remis en vigueur et a infirmé la révocation faite par les cortès de 1789.* Rien de moins logique. On oublie que, le roi voulant taire la révocation de l'*Auto acordado*, il fallut renoncer à y insérer son abrogation. Au reste, le raisonnement que nous combattons pouvait offrir quelque chose de spécieux avant la promulgation de la pragmatique-sanction ; mais, depuis qu'elle a eu lieu, ils n'ont d'autre valeur que celle d'arguments négatifs. Charles III ne comprit pas l'*Auto acordado*, dans *la Nouvelle récopilation* (1). Dira-t-on que par ce seul fait il se trouvait aboli ? Pour en rendre l'existence valable, sa création comme sa révocation nécessitèrent le concours du roi et des cortès ; hors de là, il n'y a pas de loi fondamentale, qu'elle se trouve ou non dans des recueils législatifs. Une loi faite légalement existera quand bien même elle serait omise dans une collection de lois. Son existence ou sa révocation proviennent d'actes d'une autre nature et ne sauraient dépendre d'une opération

(1) Ce fut un recueil de Charles III, et c'est sous le règne de Charles IV que se fit la *Novisima recopilacion*.

matérielle. Le marquis Caballero et le rapporteur du conseil Reguera furent exclusivement chargés de faire la *Novisima recopilacion*, et dans ce recueil se trouvent des lois complètement tombées en désuétude, il en manque d'autres en pleine vigueur. Remarquons aussi que la *Novisima recopilacion* n'est pas la seule collection de lois, ou code espagnol existant. Dans tous les autres, depuis *el Fuero Juzgo* jusqu'à la Novisima recopilacion, on rencontre un grand nombre de lois les unes tombées dans l'oubli, les autres encore en usage (1).

Nous n'avons plus à nous occuper que de l'argument principal de nos adversaires, *de la prescription*, c'est-à-dire *de savoir si, en* 1830, *il y avait prescription pour l'infant qui, né en* 1788, *représentait les droits des successeurs immédiats de la ligne transversale existant en* 1789. Appliquer la prescription à la loi de succession à la couronne n'est, à notre avis, qu'un non-sens. La souveraineté, dit Grotius, est imprescriptible. Les publicistes exigent comme qualité inhérente aux choses et aux droits prescriptibles : 1° la possession continuée et non interrompue de la chose ; 2° la bonne foi ; 3° le titre légitime ; 4° la possession pendant un laps de temps déterminé par la loi. Ces différents titres, qui constituent l'essence des choses et des actes prescriptibles, procèdent-ils de la loi civile ou de la loi fondamentale? voilà la question. La souveraineté et le droit de succession à la couronne sont acquis en vertu d'une loi fondamentale. Cette loi peut être changée aussi souvent que l'exige le bien public constaté par le roi et les députés de la nation. Dans ce cas, comment invoquer la possession ni le titre légitime qui sont l'essence du droit prescriptible? Les

(1) Les différents codes espagnols et qu'aucune déclaration n'a annulés et qui sont toujours cités devant les tribunaux, contiennent plus de trois mille lois.

lois civiles qui règlent la succession respectent à juste titre le
droit des tiers une fois acquis, parce que ce droit est inva-
riable. Mais le droit d'un successeur à la couronne est d'une
nature variable, éventuelle, et tout à fait conditionnelle. Il
subsiste tant que l'autorité compétente n'y déroge pas dans
les formes légales ; aussi, dans l'espèce, ne saurait-on invoquer la prescription. Sans cela, et en suivant avec rigueur l'application de ce principe qu'on nous oppose, il en résulterait
que les différents changements faits aux lois de succession seraient frappés de nullité, quels que soient d'ailleurs le temps
et les circonstances qui les ont amenés, car il serait bien diffi-
cile que ces modifications n'aient pas détruit des droits
préexistants. Remarquons aussi qu'en admettant la prescription on dépouille le souverain et la nation du droit de changer
la loi de succession quand il le juge nécessaire au bonheur et
à la sécurité du peuple. D'un autre côté, comment aurait-on
pu jamais changer les lois de succession et en établir d'autres
par le moyen des traités, si la prescription pouvait les frap-
per ? C'eût été chose impossible, et si l'on n'en convient pas,
que l'on nous apprenne si les droits de Philippe V à la couronne de France, comme petit-fils de Louis XIV, dont la renonciation est la base de tous les traités de la paix d'Utrecht,
étaient prescriptibles ou non. S'ils l'étaient, la renonciation
devenait nulle, car son droit était prescrit, et ceux du duc de
Berry et d'Orléans à la couronne d'Espagne ne l'étaient pas
moins. En changeant le mode de succession à la couronne,
Philippe V exclut pour toujours les descendants de l'infante
Marie-Anne, dont les membres existant en 1713 virent ainsi
leurs droits annulés. Philippe et Charles se sont trouvés dans
une position identique. Le premier avait en 1713, époque à
laquelle eut lieu l'*Auto acordado*, deux enfants mâles, l'infant
Don Luis, reconnu héritier présomptif, et l'infant Don Felipe ;

mais ni l'une ni l'autre de ces circonstances n'exerça d'influence sur les modifications aux lois ou les renonciations au trône, et nul n'a songé à attaquer les actes de ces deux monarques sur la loi successorale, au nom du droit chimérique de prescription appliqué aux lois fondamentales de la succession au trône.

Telles sont les principales objections des adversaires de la révocation de l'*Autó acordado*, faite en 1789. Si nous avons réussi à prouver leur erreur, nous aurons rendu un grand service à notre patrie; dans tous les cas, nous espérons que l'on nous tiendra compte du désir sincère que nous avons eu de contribuer au bien de notre pays, en disant ce que nous croyons être la vérité, en éloignant de nous tout esprit de parti et ne nous laissant entraîner par aucune passion politique.

* 9 7 8 2 0 1 1 7 5 8 2 2 4 *